# VIE ÉDIFIANTE

DE

# M<sup>LLE</sup> MARIE-FRANÇOISE FOURNIER

ORLÉANS
IMPRIMERIE DE GEORGES JACOB
CLOITRE SAINT-ETIENNE, 4
—
1877

# VIE ÉDIFIANTE

DE

# M<sup>lle</sup> MARIE-FRANÇOISE FOURNIER

ORLÉANS

IMPRIMERIE DE GEORGES JACOB

CLOITRE SAINT-ETIENNE, 4

1877

## AUX SAINTS ANGES GARDIENS

---

O saints Anges, nos saints protecteurs, c'est à vous qu'il appartient de dédier la vie de cette humble fille qui a eu pour vous une si parfaite dévotion. Elle a été véritablement un ange sur la terre, et à présent elle vous est réunie dans le ciel.

Saints Anges gardiens, daignez bénir ce petit ouvrage, et demandez à Jésus et à Marie qu'il fasse du bien à quelques âmes.

# VIE ÉDIFIANTE

DE

# M<sup>LLE</sup> MARIE-FRANÇOISE FOURNIER

## CHAPITRE PREMIER

### Enfance de Marie-Françoise.

Le 11 janvier 1786, dans un petit bourg des environs d'Orléans, naquit une enfant qui fut baptisée le lendemain de sa naissance et à qui on donna les noms de Marie-Françoise. Cette enfant appartenait à une famille peu aisée, et dès son plus bas âge, elle fut occupée aux travaux de la campagne.

La jeune Françoise fut élevée dans une grande ignorance des choses de la religion ; elle n'avait pas encore l'âge de raison quand la révolution de 1789 éclata. Elle eut devant les yeux les plus pernicieux exemples ; mais Dieu avait des desseins tout particuliers sur cette enfant ; il la couvrait de sa protection, car il en voulait faire une sainte.

Les églises étaient encore fermées quand arriva pour la petite Françoise l'époque de la première communion. Un saint prêtre, qui n'était prêtre qu'aux yeux de Dieu et dont le secret n'était connu que de quelques chrétiens, se dévoua pour instruire un certain nombre d'enfants de cette petite localité ; les instructions durèrent environ trois semaines. Les temps devenaient toujours plus malheureux, et ce fut en cachette que le bon prêtre célébra la sainte messe et fit faire la première communion à ces jeunes enfants qui avaient tant besoin du pain des forts pour lutter contre les scandales dont ils étaient entourés.

Quoique ayant fait sa première communion, la jeune Françoise était peu instruite de sa religion. Ce qui l'avait le plus frappée dans les instructions du catéchisme, c'était l'explication des quatre fins de l'homme ; cette partie du catéchisme était pour elle un sujet de sérieuses réflexions, et tout porte à croire que ce sont ces pensées qui l'ont maintenue pendant sa jeunesse, et qui l'ont fait arriver au degré de perfection auquel elle est parvenue.

Françoise quitta la maison paternelle dès qu'elle fut capable de gagner sa vie. Placée comme domestique dans une ferme, elle se montra toujours fidèle à ses devoirs de bonne chrétienne ; la modestie était son plus cher tresor ; elle ressentait un grand éloignement pour les plaisirs du monde ; en un mot, elle avait en elle un attrait dont elle ne se rendait pas compte. L'heure de Dieu n'était pas encore venue, et il devait s'écouler quelques années avant qu'il fît connnaître sa volonté à sa fidèle servante.

Françoise quitta cette première place et fut placée dans une maison bourgeoise, très-près d'Orléans. Là elle eut fortement à lutter : le maître de la maison était un homme sans religion, et sa femme, qui était meilleure que lui, n'avait pas assez d'autorité pour empêcher les mauvaises lectures qu'il tenait à faire à haute voix.

Une pieuse dame, parente des maîtres de Françoise, vint passer quelques jours chez eux. La jeune domestique remarquait que cette dame allait tous les jours se promener seule dans le jardin et qu'elle tenait un objet en perles dans ses mains. Quelque chose lui disait que c'était un objet de dévotion ; elle n'aurait pas voulu être indiscrète, et pourtant elle désirait en connaître le nom. Elle se détermina à faire un grand effort pour arriver au but de ses désirs ; elle fut accueillie avec bonté ; on lui indiqua immédiatement la manière de dire le chapelet, et on lui offrit de lui en procurer un. Françoise était au comble du bonheur, et comme elle ne savait pas lire, son chapelet faisait ses plus chères délices.

Un des maîtres de Françoise étant très-malade, elle fut envoyée pour chercher un remède à la pharmacie de l'hôpital d'Orléans ; là elle fit la rencontre d'une jeune fille de son pays, et la voyant dans un costume qui lui paraissait extraordinaire, elle lui dit : « Que faites-vous donc ici ? — Je suis sous-sœur, répondit-elle ; je sers le bon Dieu et les pauvres ; je n'ai jamais été si heureuse de ma vie. » A ce moment, toute une révélation se fit dans l'âme de la pauvre Françoise. Son ignorance était telle qu'elle ne savait pas qu'il existât des ordres religieux. A partir de cette époque, les plus sérieuses préoccupations s'emparèrent de la pieuse fille ; elle demandait sans cesse à Dieu qu'il lui fît connaître sa volonté et qu'il lui donnât les moyens d'entrer dans cette sainte maison où sa compagne paraissait être si heureuse.

Françoise passa un assez long temps à réfléchir et à prier ; elle n'avait que le bon Dieu pour confident de ses secrets et de ses peines. Elle ne savait pas que, dans cette circonstance, le guide de sa conscience aurait pu lui donner un salutaire conseil, et elle n'osa jamais lui dire un seul mot à ce sujet. Enfin la lumière se fit dans l'âme de Françoise ; sa résolution est arrêtée : elle veut se consacrer entièrement à Dieu. Elle va prévenir sa mère, qui lui accorde son consentement, et à vingt-deux ans elle entre à l'hôpital d'Orléans.

## CHAPITRE II

#### Entrée et séjour de Marie-Françoise à l'Hôpital d'Orléans.

---

La piété et la douceur de la jeune postulante fixèrent l'attention de la supérieure. Elle la prit d'une manière toute particulière sous sa protection, lui fit des instructions religieuses, et lui apprit à lire et à écrire. Peu de temps après son entrée à l'hôpital, elle reçut l'habit religieux et le nom de sœur Chantal. Quoique dans cette maison les vœux n'étaient pas obligatoires, ses désirs furent satisfaits, et il lui fut permis de faire le vœu de virginité.

La nouvelle sœur fut placée à la buanderie ; elle s'occupait du linge et surveillait les filles imbéciles qui lavaient la lessive tous les jours de l'année. Sœur Chantal se faisait aimer de tout le monde, même de ces pauvres filles, et souvent il lui était difficile de se défendre de leurs caresses. A cause d'une indisposition, elle fut remplacée dans cet emploi pendant quelques semaines. Quand elle reparut dans la buanderie, ce fut une grande joie pour les laveuses. Elles l'accueillirent par mille acclamations qui prouvaient le bonheur qu'elles ressentaient ; elles voulurent toutes embrasser leur bonne sœur Chantal, qui fut profondément touchée de ces marques d'affection, car elle aussi elle aimait beaucoup ces pauvres filles. Elle ressentait pour elles ce que ressent une mère pour son enfant infirme. Elle ne leur parlait jamais sans les désigner par des noms d'amitié qu'elle savait parfaitement choisir et qui allaient au cœur de chacune. Sœur Chantal avait une telle délicatesse de conscience, qu'elle craignait d'être trop aimée de son cher entourage ; même pour ces créatures si infirmes, elle aurait voulu que tous les sentiments de leur cœur fussent pour Dieu. Notre pieuse sœur conserva son emploi à la buanderie pendant plus de vingt ans, et, malgré sa mauvaise santé, elle habita cet endroit humide et ouvert à tous les vents, n'ayant pour tout soulagement que le feu d'une chaufferette. Dans le cours de sa vie, elle aimait à parler de sa chère buanderie et de ses bonnes filles dans lesquelles sa charité lui avait fait découvrir tant de précieuses qualités.

Sœur Chantal était la fille du devoir ; la pratique de l'obéissance n'avait rien de difficile pour elle, et elle goûtait véritablement un parfait bonheur dans la mission qu'elle avait à remplir. Le souvenir de la présence de Dieu ne la quittait pas ; elle agissait tellement sous ce saint regard, que les emplois les plus bas n'avaient rien de rebutant pour elle. Notre bonne sœur avait une physionomie aimable, gaie et une expression d'angélique douceur ; mais elle ne manquait pas de fermeté lorsqu'il s'agissait des choses de Dieu. S'il arrivait qu'on parlât mal de la religion en sa présence, elle ne pouvait contenir son indignation. « Les malheureux ! disait-elle quelquefois ; il n'y a que quand ils seront en enfer qu'ils croiront ce qu'ils devraient croire à présent. » Sœur Chantal était le plus parfait modèle de l'humilité ; elle se croyait une grande pécheresse, et pensait certainement qu'elle avait mérité mille fois l'enfer. Quand elle entendait parler de certains pécheurs, elle se persuadait être encore au-dessous d'eux ; elle était souvent à même de voir passer les filles repentantes qui alors étaient alors recueillies à l'hôpital ; elle aimait à les voir défiler et se disait : « Telle, telle et telle sont bien meilleures que moi. Elles ont telles et telles qualités ; mais moi je n'en ai aucune. » Autrefois, à Orléans, le vendredi saint, il était permis à quelques personnes de faire des pénitences publiques ; les plus grands pécheurs et les âmes les plus saintes se trouvaient confondus. Une des pénitences était de faire à genoux le tour du chœur de Sainte-Croix. Nous n'avons rien de certain à ce sujet ; mais à la manière dont sœur Chantal parlait de ces saintes pénitences, nous pouvons supposer qu'elle y a certainement pris part, son humilité ne permettant pas de pénétrer les choses qui la concernaient directement.

Sœur Chantal avait une dévotion particulière à l'ange gardien. Elle aimait à raconter des choses tout à fait extraordinaires qui s'étaient passées à l'hôpital par l'intercession des saints anges gardiens. Ainsi une sœur, qui n'avait pas été assez prompte pour rentrer au moment où l'on fermait les portes, se trouvait réduite à passer la nuit dans la cour ; mais elle se souvient de la puissance des saints anges gardiens ; elle invoque son ange et le prie d'aller trouver l'ange de la sœur portière et de lui dire de lui inspirer de venir ouvrir la porte. La sœur portière, qui était couchée, avait une agitation qui l'empêchait de dormir ; elle finit par se dire : « Il faut que je me lève pour voir si tout est en ordre. » A peine était-elle arrivée du côté de la cour, qu'elle entend la pauvre sœur qui continuait d'invoquer à haute voix son bon ange gardien. Plusieurs faits du même genre ont eu lieu ; mais l'humilité de sœur Chantal n'a pas permis de découvrir ceux auxquels elle a eu part. Nous savons cependant que quand quelques conversations s'engageaient devant elle, si elle voyait qu'on offensait le bon Dieu, aussitôt elle priait l'ange gardien de la personne dont elle avait à se plaindre et le priait de lui inspirer d'autres sentiments. Telle nous voyons sœur Chantal dans sa vie religieuse, telle nous la retrouverons plus tard. Elle avait une âme fortement trempée, et ses sentiments n'ont jamais varié.

Sœur Chantal avait de fréquents entretiens avec sa bonne supérieure, pour qui elle avait une affection toute filiale. Elle se laissait entièrement diriger par elle et ne la quittait jamais sans se sentir renouvelée et fortifiée. Ayant entendu parler de la vie austère des filles de Sainte-Thérèse, elle se sentit un grand désir d'être Carmélite ; mais ayant demandé conseil à sa supérieure, il lui fut répondu : « Puisque le bon Dieu vous a conduite ici, je veux que vous y restiez. » Sœur Chantal, qui était un modèle d'obéissance, se soumit sans arrière-pensée à la décision de sa supérieure.

Le réglement des sœurs de l'hôpital était peu sévère, et tous les mois elles avaient la permission d'aller faire une visite à leurs parents. Sœur Chantal était très-affectueuse ; elle profitait de la permission toutes les fois qu'elle pensait qu'elle pouvait être utile à sa famille ; mais quand elle ne voyait pas la nécessité de sortir, elle était heureuse de penser qu'elle pouvait consacrer sa journée entière pour le bon Dieu. Elle allait se mettre sous l'escalier de la tribune ; de cet endroit elle voyait le tabernacle et n'était vue de personne. Elle passait toute la journée dans l'union la plus intime avec Dieu ; elle ne se servait pas d'autres livres que du chemin de la croix ; elle y trouvait abondamment de quoi satisfaire sa tendre piété envers Jésus crucifié. Dans sa vieillesse, elle se rappelait avec bonheur les jours qu'elle avait passés seule avec Dieu seul.

Pendant sa vie religieuse, sœur Chantal fut victime d'un accident très-grave : un énorme couperet lui était tombé sur le pied et lui avait fait une coupure très-profonde. Elle reçut les soins nécessaires ; mais n'éprouvant aucun soulagement, elle fut obligée de prendre des béquilles, et les médecins déclarèrent qu'elle était infirme pour le reste de ses jours. Il y avait deux ans que sœur Chantal était dans cette position. Un jour de la fête de la Présentation de la sainte Vierge, elle se rend à la sainte table aussi péniblement qu'à son ordinaire. Après avoir reçu la sainte communion, il lui semble qu'elle est guérie ; mais ne voulant pas être un sujet de distraction, elle ne laisse rien voir du bonheur qu'elle ressent. Après son action de grâce, elle laisse ses béquilles, marche sans boiter :

elle ne souffre plus et est parfaitement guérie. La reconnaissance de sœur Chantal fut si grande, que tous les ans, le jour de la Présentation de la sainte Vierge, elle faisait dire une messe d'actions de grâces.

La révolution de 1830 amena des changements à l'hôpital, et presque toutes les sœurs se virent forcées de quitter cette sainte maison où elles avaient été si heureuses sous la direction de M$^{lle}$ de Laage, leur digne supérieure. Cette autre sainte était morte quelque temps avant, laissant à ses filles profondément affligées de grands exemples de vertu, et après leur avoir prédit les malheurs qui devaient bientôt fondre sur la maison, elle eut le bonheur de s'endormir dans la paix du Seigneur, après avoir donné à ses chères filles sa plus maternelle bénédiction. Il était difficile de remplacer une supérieure telle que M$^{lle}$ de Laage ; du reste, le moment approchait où cette importante maison allait être dirigée par un ordre approuvé par l'Église. Il y avait alors de grands abus à l'hôpital ; les administrateurs, qui y étaient complètement maîtres, voulurent nommer eux-mêmes une supérieure et l'imposer aux religieuses. Cette mesure était tout à fait en dehors des lois de l'Église. Les religieux seuls ont le droit de prendre part à l'élection pour nommer un supérieur ; mais dans aucun temps les laïques n'ont eu à s'occuper de cette chose capitale qui ne concerne même que les religieux qui comptent un certain nombre d'années de profession. La plupart des sœurs ne ratifièrent pas le choix des administrateurs ; elles avaient reconnu sœur une telle pour leur bonne et charitable sœur, mais elles avaient des raisons pour ne pas la reconnaître pour leur bonne et charitable mère. Les plus ferventes religieuses quittèrent l'hôpital, et sœur Chantal fut du nombre. Quel immense chagrin ressentit cette âme généreuse quand elle franchit le seuil de cette sainte maison où elle avait passé ses plus heureux jours ! A la fin de sa vie, ce souvenir lui faisait encore verser des larmes.

Ce fut un grand chagrin pour sœur Chantal de quitter l'hôpital. Elle était alors âgée de quarante-quatre ans et se trouvait dans le plus grand dénument. Elle n'avait de vêtements que ce qu'elle portait sur elle. Les petites ressources qu'elle avait avant son entrée en religion avaient été épuisées par un de ses neveux, qui était alors au séminaire. Les parents de sœur Chantal n'existaient plus. A l'exemple de Notre-Seigneur, elle n'avait pas une pierre pour reposer sa tête. Une pieuse dame, parente de sa digne supérieure, la retira chez elle en lui disant de considérer sa maison comme la maison maternelle. La pieuse religieuse alla frapper à la porte des Carmélites ; mais elle fut trouvée trop âgée. Elle reçut la même réponse à la Visitation. Il fallait donc qu'elle fît le sacrifice de ses plus chers désirs et qu'elle se déterminât à prendre un emploi dans le monde, ne voulant pas devenir une charge pour sa bienfaitrice ; elle désirait trouver une place chez une dame seule.

## CHAPITRE III

### Sœur Chantal est placée chez M<sup>me</sup> Rouilly.

M. Parisis, qui était alors curé de Gien et qui connaissait cette pieuse fille, lui procura une place à Gien, chez une dame veuve. La pauvre sœur Chantal quitta donc Orléans et fut obligée d'abandonner son nom de religieuse. Elle se fit alors appeler Marie. Les premières années de service furent dures et difficiles. La maîtresse trouvait à sa bonne un air trop mystique, et elle avait conçu pour elle une grande antipathie. La pieuse Marie redoublait d'efforts et de prévenances pour se rendre agréable à M^me Rouilly; mais Dieu, qui se plaît à éprouver ses saints, permit que la vertu de sa fidèle servante demeurât longtemps inconnue. Marie, dans ce nouveau genre de vie, eut de nombreuses occasions de pratiquer la vertu; elle accomplissait ponctuellement son devoir et demandait à Dieu de bénir ses efforts. Elle était fort peinée de voir qu'elle déplaisait à M^me Rouilly; mais elle souffrait plus pour sa maîtresse que pour elle-même. Elle se trouvait si imparfaite qu'elle croyait justement mériter les petites épreuves que lui attirait cette antipathie. Pour prouver la soumission de Marie envers sa maîtresse, il suffit de citer quelques traits. M^me Rouilly lui dit un jour : « Vous me déplaisez ; vous êtes toujours coiffée comme un bonnet de nuit; je veux que vous ayez un bonnet à dentelle. » Marie ne se le fit pas dire deux fois ; elle obéit aussitôt et mettait le bonnet à dentelle toutes les fois que sa maîtresse le jugeait à propos. Plus tard, M^me Rouilly mit encore à l'épreuve l'obéissance de sa pieuse servante : elle lui donna un manchon, en lui faisant obligation de le porter. Cet objet, peu remarqué aux yeux du monde, lui fit faire bien des actes de vertu.

Quoiqu'ayant une vie plus douce dans le monde qu'à l'hôpital, Marie eut beaucoup à souffrir moralement et physiquement; sa santé, qui n'avait jamais été bonne, s'altéra davantage; elle eut une gastrite qui lui causa les plus grandes souffrances et les plus dures privations. La sainte fille était tellement morte à elle-même, qu'on ne l'entendait jamais se plaindre; elle ne parlait jamais d'elle; elle était toujours aimable, gaie, prenant part aux joies et aux souffrances des autres ; mais pour elle, on aurait dit qu'elle n'avait jamais rien à souffrir.

M^me Rouilly fit une maladie qui lui fournit l'occasion d'apprécier le parfait dévoûment de la pieuse fille. A partir de ce moment, elle reconnut le trésor qu'elle possédait chez elle, et

Dieu lui a donné dans la suite bien des occasions de reconnaître les vertus solides de cet ange de perfection. Marie finit par devenir une amie pour sa maîtresse. Cette dernière la consultait en tout et l'envoyait surveiller ses propriétés, ce dont elle s'acquittait parfaitement bien. La bonne fille était aimée et vénérée de tous ceux qui avaient des rapports avec elle. Les personnes les moins pieuses l'estimaient et disaient : « Ah ! pour elle, c'est une sainte que tout le monde aime et respecte. » Bonne et indulgente pour tous, Marie ne trouvait des imperfections qu'en elle.

En 1854, M$^{me}$ Rouilly tomba en paralysie ; ce fut alors que la pieuse Marie l'entoura des soins les plus affectueux. Sa piété était si bien entendue, qu'elle sut renoncer à la sainte messe, à la sainte communion et à ses autres pratiques de piété pour se dévouer entièrement à sa maîtresse, et elle sut faire ces sacrifices sans se plaindre et sans laisser voir que c'était une peine pour elle. Les croix n'étaient pas pour Marie ce qu'elles sont pour les âmes ordinaires ; elle ne touchait la terre que du bout de ses pieds, et elle avait une vue tellement claire de Dieu et de sa sainte volonté, que les contradictions de la vie étaient plutôt pour elle une joie qu'une souffrance. Marie aurait pu confier sa maîtresse à l'autre bonne qui lui était adjointe ; mais, comme elle le disait : « Je ne serais pas tranquille, et il me semble que mon devoir est de rester là. » M$^{me}$ Rouilly resta sept ans dans cette triste position. Marie ne la quittait pas ; elle passait toutes les nuits près d'elle, et la pauvre malade ne pouvait souvent dormir qu'en tenant la main de Marie dans la sienne, ou ayant la tête appuyée sur son bras.

M$^{me}$ Rouilly était sujette à des maux d'yeux pour lesquels il lui était ordonné de rester dans une chambre noire. Marie restait aussi dans cette chambre noire, et par son aimable conversation tâchait d'égayer sa bonne maîtresse. N'importe de ce que la pauvre malade avait à souffrir, sa pieuse servante le souffrait avec elle. Marie ne savait pas travailler finement ; elle le reconnaissait bien et ne laissait échapper aucune occasion de parler de sa maladresse. Elle aimait à filer ; c'était son travail de prédilection ; mais M<sup>me</sup> Rouilly lui interdisait cette douce distraction : « Je ne fais rien, lui disait-elle ; vous n'avez pas besoin de travailler non plus. » Quand M<sup>me</sup> Rouilly le permettait, Marie se mettait à l'entrée du corridor, afin de voir un peu clair, et essayait de tricoter ; mais elle n'a jamais réussi dans ce genre de travail. Elle prenait occasion de cela pour dire qu'elle n'était bonne à rien et quêtait d'une manière charmante des actes de charité aux personnes qui venaient dans la maison, afin qu'on voulût bien lui corriger ses nombreuses fautes et lui indiquer comment faire pour continuer ce travail qu'elle n'aimait pas et auquel elle n'entendait rien.

L'esprit de M<sup>me</sup> Rouilly s'égara un peu ; mais elle ne devint pas complètement en enfance, et l'on doit cela à la douceur de son second ange gardien, qui ne la contrariait jamais et qui avait un talent tout particulier pour la distraire et la consoler. Marie assista sa pieuse maîtresse jusqu'à son dernier moment ; elle reçut son dernier soupir et lui ferma les yeux. Mais quel vide ce fut pour la pauvre fille ! Il y avait plus de trente ans qu'elle était chez M<sup>me</sup> Rouilly ; elle la pleura comme on pleure une bonne mère. Elle en parlait toujours avec un grand respect et une tendre affection. « Ma bonne maîtresse, disait-elle souvent, je ne l'oublierai jamais ; elle était si bonne, si pieuse, si charitable ! elle m'a fait tant de bien ! Je me console de sa mort en pensant que le bon Dieu, qui est si bon, l'a reçue dans son saint paradis. » Marie aimait à se rappeler les bonnes œuvres de sa pieuse maîtresse ; elle était heureuse de pouvoir en continuer quelques-unes. Plusieurs pauvres de M<sup>me</sup> Rouilly venaient à sa porte toutes les semaines ; elle les faisait entrer, leur donnait ce qu'ils recevaient ordinairement et y ajoutait toujours de bonnes paroles comme aumône du cœur.

## CHAPITRE IV

### Les dernières années de Marie.

Mme Rouilly avait assuré le sort de sa dévouée servante en lui laissant une rente et la jouissance d'un jardin; mais les forces de Marie étaient épuisées; elle ne put pas jouir beaucoup de ces avantages. Elle survécut sept ans à sa maîtresse; mais ce furent des années de souffrance. Sa gastrite devint plus forte que jamais, puis elle fut prise d'une toux catarrhale qui ne lui laissait aucun repos.

Marie profita de la plus grande liberté qu'elle avait pour se donner davantage à Dieu et se préparer, comme elle le disait souvent, à faire le grand voyage du temps à l'éternité. Elle passait une partie de ses journées à l'église, et avait la consolation de faire la sainte communion tous les jours. Marie goûtait de très-grandes consolations aux pieds des saints autels, et elle était heureuse d'avoir, par ses souffrances, quelque chose à offrir au Dieu qu'elle aimait tant. Sa santé étant devenue plus mauvaise, et comme elle s'affaiblissait beaucoup, il fallut placer près d'elle une personne chargée de la soigner. Marie, quoique devenue bien âgée, avait une humeur toujours égale et acceptait avec reconnaissance les bons offices de la femme qui avait été placée près d'elle.

Marie passa les dernières années de sa vie dans un grand isolement, et ne sortant qu'à de rares intervalles; son plus grand sacrifice était d'être privée de la sainte communion. Souvent elle passait les nuits entières sans rien prendre, quoique toussant continuellement, et le matin elle était tellement fatiguée qu'il lui était impossible de se rendre à l'église ; mais elle ne se décourageait pas, et presque toutes les nuits elle se privait du soulagement dont elle aurait eu tant besoin, toujours dans l'espoir de faire la sainte communion. La pauvre Marie souffrait tout ce qu'il est possible de souffrir en s'imposant le jeûne eucharistique ; elle savait qu'elle abrégeait ses jours, mais ce n'était pas un sacrifice pour elle : le sacrifice des sacrifices, pour cette belle âme, était d'être privée de la sainte communion. Les saintes ardeurs dont elle était embrasée allaient jusqu'à lui faire commettre des imprudences ; elle essayait d'aller à la messe par tous les temps. Le vent manquait de la faire tomber ; l'air la suffoquait ; sa toux devenait plus intense, et on la voyait se tenir aux murs afin de reprendre haleine. Parfois elle était obligée de rompre son jeûne avant d'arriver à son but, et ce dur sacrifice lui faisait répandre bien des larmes. Quand Marie racontait ses mécomptes de la matinée, elle ne se plaignait jamais et avait toujours à remercier Dieu d'une faveur obtenue. « J'ai été privée de faire la sainte communion, disait-elle ; mais je suis arrivée juste à temps pour recevoir la bénédiction du prêtre, et ce n'est pas peu de chose que la bénédiction du prêtre, qui est le représentant de Notre-Seigneur Jésus-Christ. » D'autres fois, toutes les messes étaient dites ; mais elle s'estimait bien heureuse d'avoir pu prier au pied du saint tabernacle et ajoutait toujours : « Toutes ces faveurs, c'est plus que je ne mérite, et puis, je suis heureuse de n'appartenir qu'à Dieu seul. » Marie fut souvent privée de la sainte communion à la fin de sa vie, et cette privation redoublait ses saints désirs. Les quelques communions qu'elle a faites avant sa mort ont laissé un souvenir ineffaçable aux personnes témoins de son ravissement et de ses élans d'amour (1).

(1) Les propres expressions de Marie sont celles-ci : *Je suis-t-il heureuse de n'appartenir qu'à Dieu seul !*

Les dernières années de sa vie, Marie passa des nuits entières sans dormir, et quand on lui demandait ce qu'elle faisait : « Je pense au bon Dieu, répondait-elle ; je le prie, je lui offre mes petites misères, et les nuits ne me paraissent pas trop longues, car je suis toujours occupée. » Bien des personnes qui vénéraient cette sainte fille se faisaient un plaisir d'aller la voir, et souvent, en entrant, le premier mot était : « Vous êtes donc seule, toujours seule, ma pauvre Marie ? — Vous vous trompez, mesdames, disait-elle avec un ton des plus aimables ; je ne suis jamais seule ; voyez ma belle compagnie, » et de la main elle montrait les statues de Jésus, de Marie et de Joseph qui étaient sur sa cheminée. « Comment voulez-vous que je m'ennuie ? disait-elle encore. J'ai beaucoup d'occupations : je salue les anges gardiens de toutes les personnes que je voie, et puis je vais sur ma terrasse, et les jours de marché et les jours de foire, je suis heureuse d'avoir à saluer une multitude d'anges qui, hélas ! sont souvent oubliés de ceux dont ils sont les fidèles gardiens. » Pendant ses longues insomnies, Marie était presque toujours en conversation avec les trois membres de la sainte famille. Avant de prendre son repos, elle avait la pieuse habitude de dire vingt-quatre fois : « Jésus, Marie, Joseph, ayez pitié de moi, » en réparation des vingt-quatre heures qui venaient de s'écouler, et pendant lesquelles elle avait pu oublier d'invoquer ces saints noms.

Un affreux événement vint mettre à l'épreuve la pauvre Marie : un revers de fortune l'atteignit. Quand on vint lui annoncer cette catastrophe, elle comprit qu'elle ne possédait plus rien, et une personne présente l'entendit s'écrier : « Il vaut mieux être ruiné que d'avoir commis un péché véniel. » Marie était détachée de tous les biens terrestres ; elle vivait bien plus de la vie du ciel que de la vie de la terre.

Dieu voulut achever de purifier notre pieuse Marie, pendant les dernières années de sa vie, en lui envoyant des peines intérieures ; on la surprenait versant d'abondantes larmes et se reprochant de ne pas aimer assez le bon Dieu, de n'avoir jamais rien fait pour lui et de l'avoir beaucoup offensé. Dans ce temps de souffrances intérieures, Marie demandait à chaque instant son confesseur, et en l'attendant elle versait d'abondantes larmes ; elle avait une telle vue de la pureté de Dieu, qu'elle ne pouvait plus supporter la plus légère tache sur son âme. A l'exemple d'une autre grande sainte, les plus petites fautes étaient mortelles pour son cœur. Tout porte à croire que cette sainte âme n'a jamais perdu son innocence baptismale.

Une petite-nièce de M$^{me}$ Rouilly, qui avait voué à Marie une grande affection, se donnait la douce jouissance d'aller passer tous les jours une demi-heure près d'elle ; elle la quittait toujours avec regret, car plus elle approchait de sa fin, plus elle semblait se dépouiller de la nature humaine et revêtir la nature angélique. Quand Marie paraissait beaucoup souffrir, une personne amie lui disait quelquefois : « Est-ce que vous désirez la mort ? — Non, répondait-elle, je ne désire ni la vie ni la mort ; je ne veux, pour moi, que l'accomplissement de la sainte volonté de Dieu. » Après de douloureuses crises, elle disait presque gaîment : « Ce n'est rien que cela ; quand je serai dans mon éternité, je me reposerai ; j'aurai le bon Dieu pour partage ; et je ne me souviendrai plus de toutes ces misères. » La confiance en Dieu était sa vertu favorite. « J'approche de mon éternité, disait-elle souvent ; je me sens bien misérable ; mais le bon Dieu est si bon, que j'espère qu'il m'accordera une place dans son saint paradis. »

La mémoire arriva à faire défaut à la pieuse Marie ; elle semblait avoir tout oublié et ne se souvenir que de Dieu et des choses de Dieu. Qu'il était édifiant de la voir pleurer à chaudes larmes quand on lui lisait les prières de la communion spirituelle ! Son visage s'illuminait, et on lisait dans ses yeux l'excessif désir qu'elle avait de la communion sacramentelle. « Ah ! disait-elle quelquefois, que de belles matinées se passent tous les jours ! que de prêtres qui célèbrent le saint sacrifice de la messe ! que de saintes âmes qui reçoivent le bon Dieu dans des cœurs brûlants d'amour ! Ah ! que ne suis-je du nombre de ces pieuses personnes ! »

Le bon Dieu s'était uni cette âme par le sacrifice ; elle ne se plaignait jamais ni de ses souffrances spirituelles, ni de ses souffrances corporelles. Son crucifix ne la quittait pas, et elle déposait sur cette image sacrée des baisers brûlants d'amour. Le jour et la nuit, elle répétait des oraisons jaculatoires avec l'accent de la plus vive piété. « Mon Dieu ! mon père ! disait-elle souvent, » ou bien encore : « Jusqu'à quand, Seigneur, laisserez-vous votre servante sur la terre ? Cependant, que votre volonté soit faite et non la mienne. »

Dieu allait cueillir cette belle âme qui n'avait pas connu d'autres passions que les belles passions des anges ; mais comme il la voulait à lui seul, il permit qu'à ses derniers moments elle n'eût pas près d'elle les personnes dont elle aurait désiré être entourée. Marie eut un grand sacrifice à faire qu'elle ne croyait pas selon les vues de Dieu ; il parut sur sa figure un excessif mécontentement ; elle aurait même été tentée de se plaindre ; mais sa grande vertu reprit le dessus, et ce grand sacrifice est certainement à présent une des plus belles perles de sa couronne.

Marie reçut avec une grande ferveur les secours de la religion, et elle rendit avec calme et sans agonie sa belle âme à Dieu, le 13 septembre 1867 ; elle était âgée de quatre-vingt-un ans. Elle mourut dans une maison religieuse, ainsi qu'elle l'avait désiré. Aussitôt après sa mort, sa couche funèbre fut entourée d'un grand nombre de personnes qui, sans aucune frayeur, venaient prier près de la vénérée Marie, comme on vient prier devant une sainte.

187

www.ingramcontent.com/pod-product-compliance
Lightning Source LLC
Chambersburg PA
CBHW060454050426
42451CB00014B/3310